DIESES BUCH

GEHÖRT:

FARBTEST

3

NUTZE DEINE VORSTELLUNGSKRAFT

4

5

NUTZE DEINE VORSTELLUNGSKRAFT

NUTZE DEINE VORSTELLUNGSKRAFT

9

NUTZE DEINE VORSTELLUNGSKRAFT

11

NUTZE DEINE VORSTELLUNGSKRAFT

13

NUTZE DEINE VORSTELLUNGSKRAFT

15

NUTZE DEINE VORSTELLUNGSKRAFT

NUTZE DEINE VORSTELLUNGSKRAFT

18

NUTZE DEINE VORSTELLUNGSKRAFT

NUTZE DEINE VORSTELLUNGSKRAFT

23

NUTZE DEINE VORSTELLUNGSKRAFT

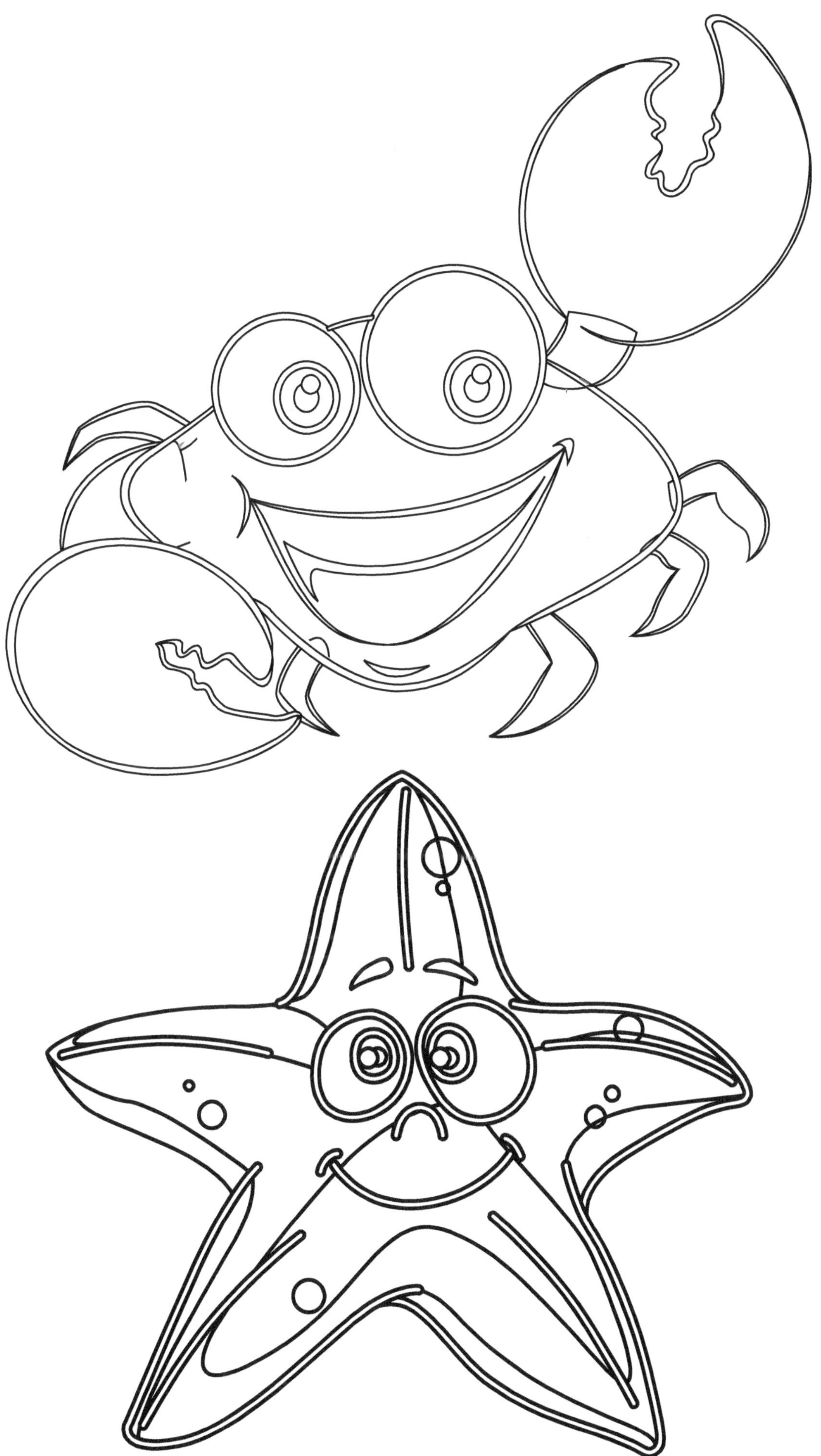

25

NUTZE DEINE VORSTELLUNGSKRAFT

26

27

NUTZE DEINE VORSTELLUNGSKRAFT

29

NUTZE DEINE VORSTELLUNGSKRAFT

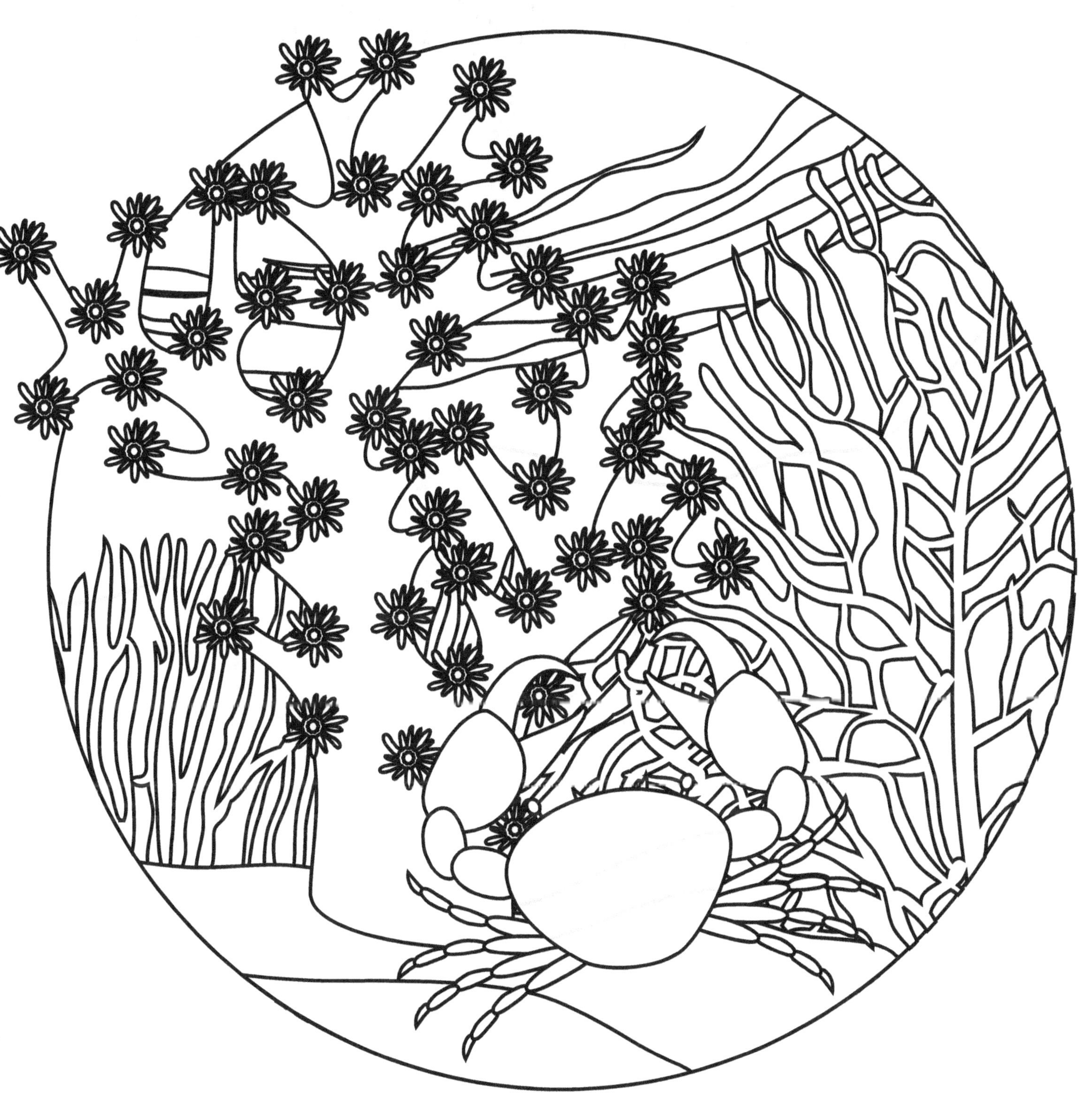

31

NUTZE DEINE VORSTELLUNGSKRAFT

33

NUTZE DEINE VORSTELLUNGSKRAFT

35

NUTZE DEINE VORSTELLUNGSKRAFT

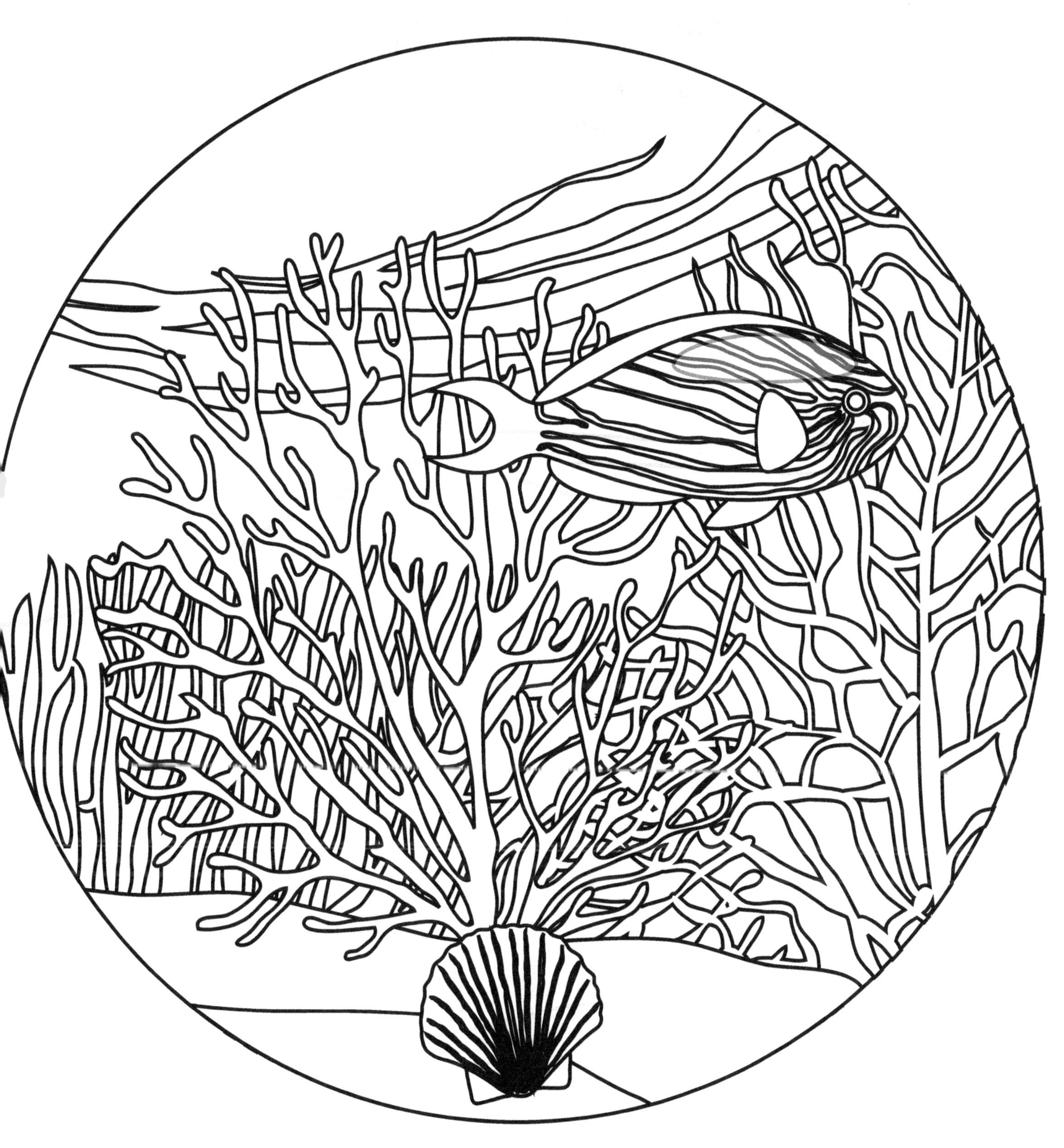

37

NUTZE DEINE VORSTELLUNGSKRAFT

39

NUTZE DEINE VORSTELLUNGSKRAFT

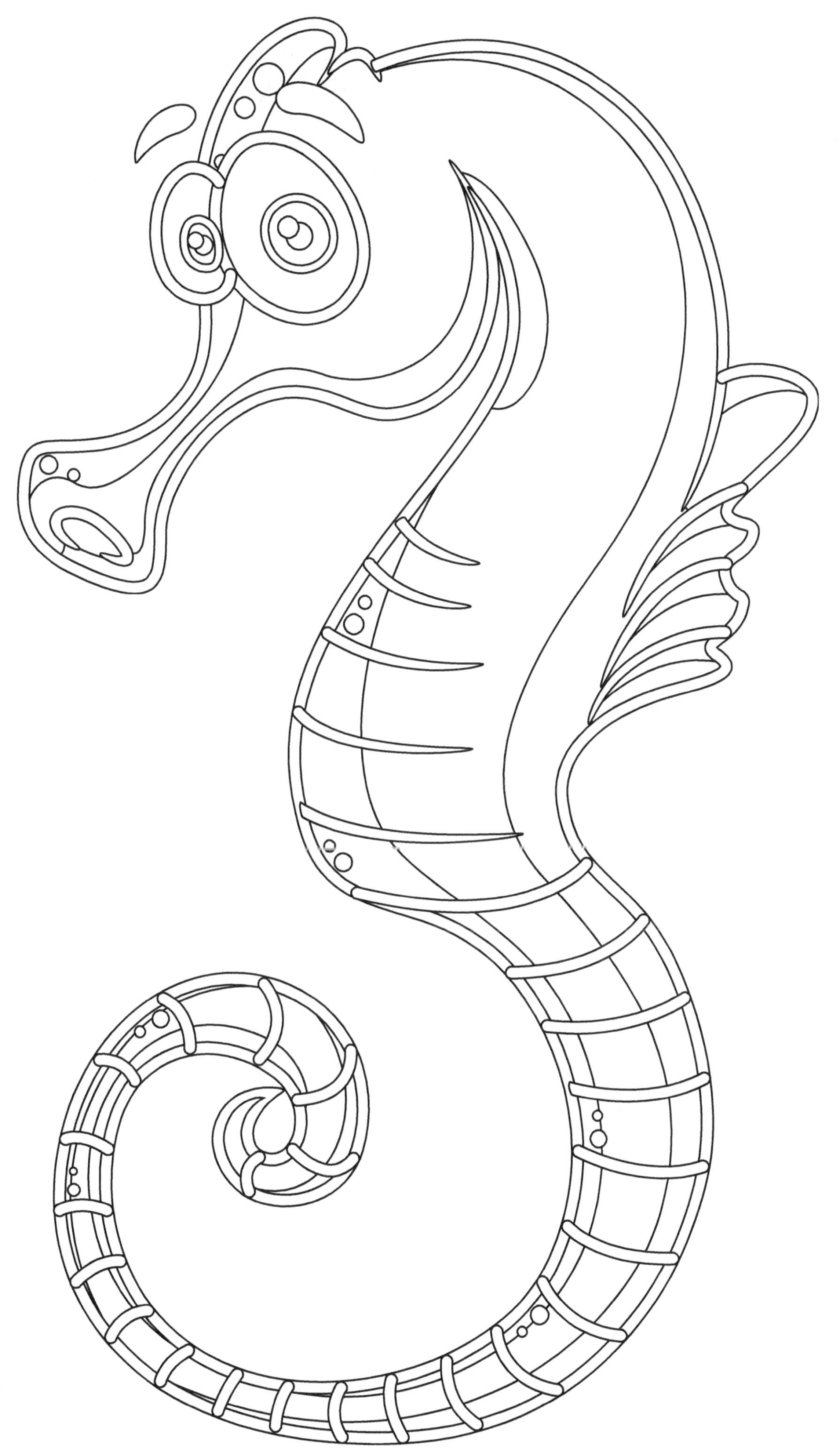

41

NUTZE DEINE VORSTELLUNGSKRAFT

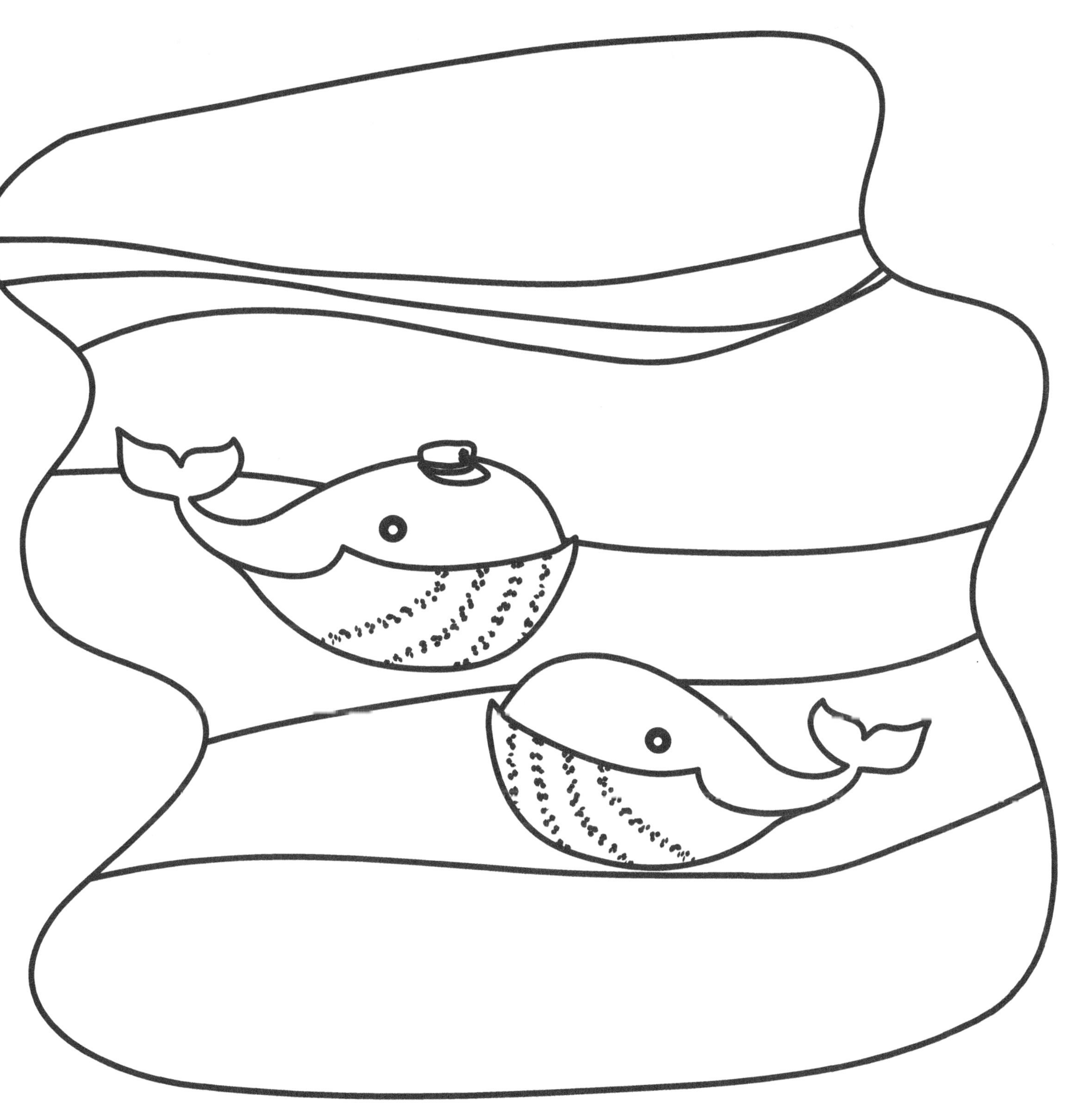

NUTZE DEINE VORSTELLUNGSKRAFT

45

NUTZE DEINE VORSTELLUNGSKRAFT

47

NUTZE DEINE VORSTELLUNGSKRAFT

49

NUTZE DEINE VORSTELLUNGSKRAFT

NUTZE DEINE VORSTELLUNGSKRAFT

53

NUTZE DEINE VORSTELLUNGSKRAFT

54

NUTZE DEINE VORSTELLUNGSKRAFT

57

NUTZE DEINE VORSTELLUNGSKRAFT

59

NUTZE DEINE VORSTELLUNGSKRAFT

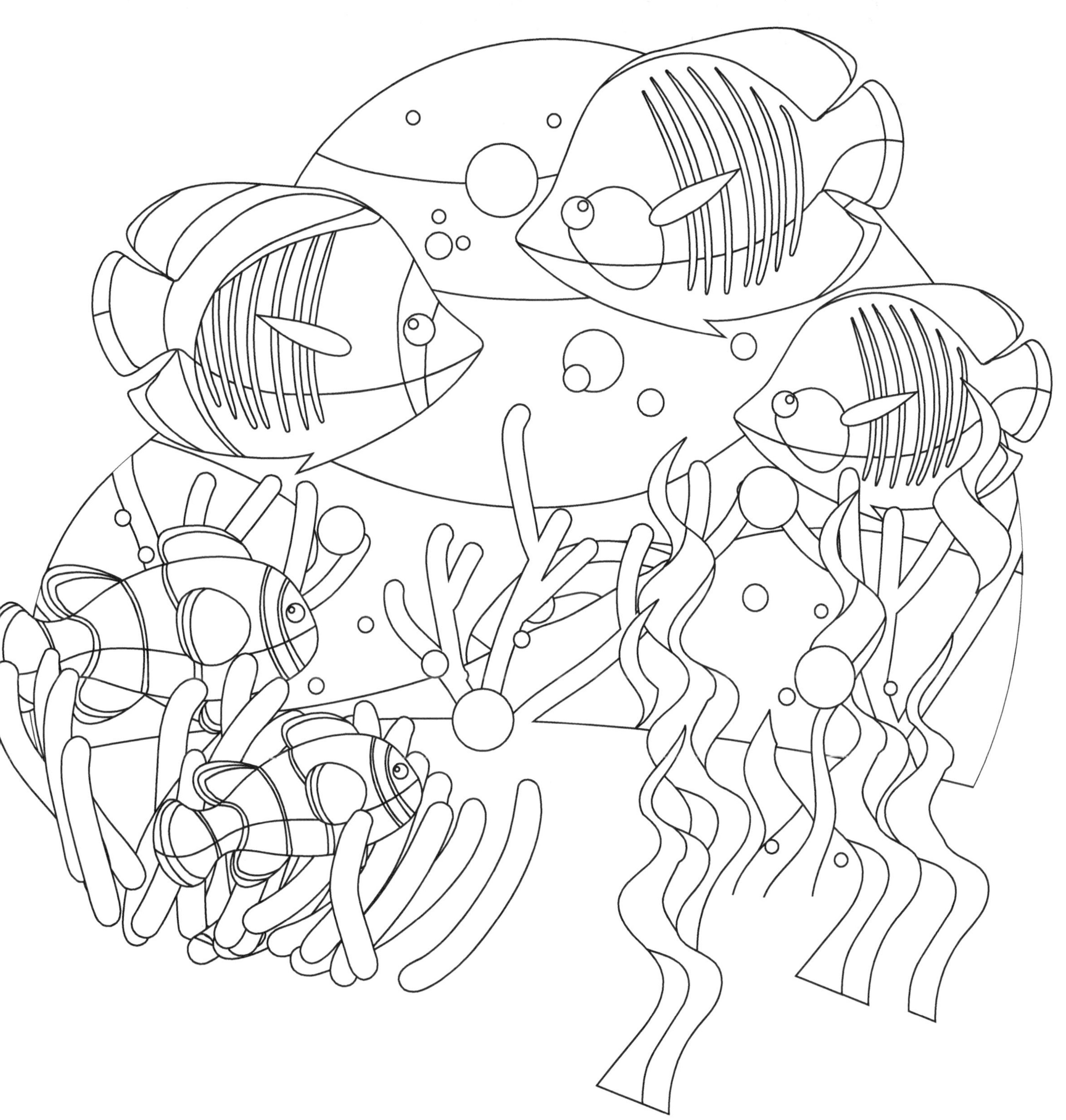

61

NUTZE DEINE VORSTELLUNGSKRAFT